Zu diesem Heft wird das **miniLÜK®-Kontrollgerät** mit dem Klarsichtspielteil benötigt.

Und so geht's:

Das Beispiel auf dieser Seite zeigt, wie du mit miniLÜK spielst. Diese Übung findest du auf Seite 2 und 3. Öffne das miniLÜK®-Kontrollgerät und lege den durchsichtigen Boden des Kontrollgerätes auf die untere Übungsseite deines miniLÜK-Heftes.

Nimm Plättchen 1 und sieh dir Aufgabe 1 an. Dort siehst du vier blaue und drei rote Steckwürfel. Auf der unteren Seite in Feld 10 ist das passende Zerlegehaus. Lege Plättchen 1 auf das Zerlegehaus in Feld 10.

So spielst du weiter, bis alle 12 Plättchen auf dem durchsichtigen Teil des Kontrollgerätes liegen und keine Bilder mehr zu sehen sind. Dann schließt du das Kontrollgerät und drehst es um.

Wenn du das bei der Übung abgebildete Muster siehst, hast du alles richtig gemacht. Passen einige Plättchen nicht in das Muster, löst du diese Übungen noch einmal. Stimmt es jetzt?
Und nun viel Spaß!

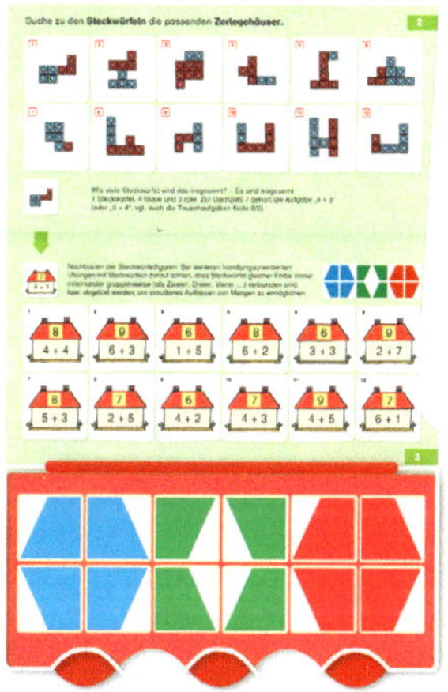

W0356134

Dieses Heft ist auf umweltbewusst hergestelltem Papier aus nachhaltiger Waldwirtschaft gedruckt

LÜK® – Begründet von Heinz Vogel • Autor dieses Heftes: Heiner Müller • Illustrationen: Renate Emme • Layout und Gestaltung: Anja Kallendorf • Herstellung, Druck und Verarbeitung: westermann druck GmbH, Braunschweig ISBN 978-3-8377-4236-7 • 2017 2016 2015 2014

Suche zu den **Steckwürfeln** die passenden **Zerlegehäuser.**

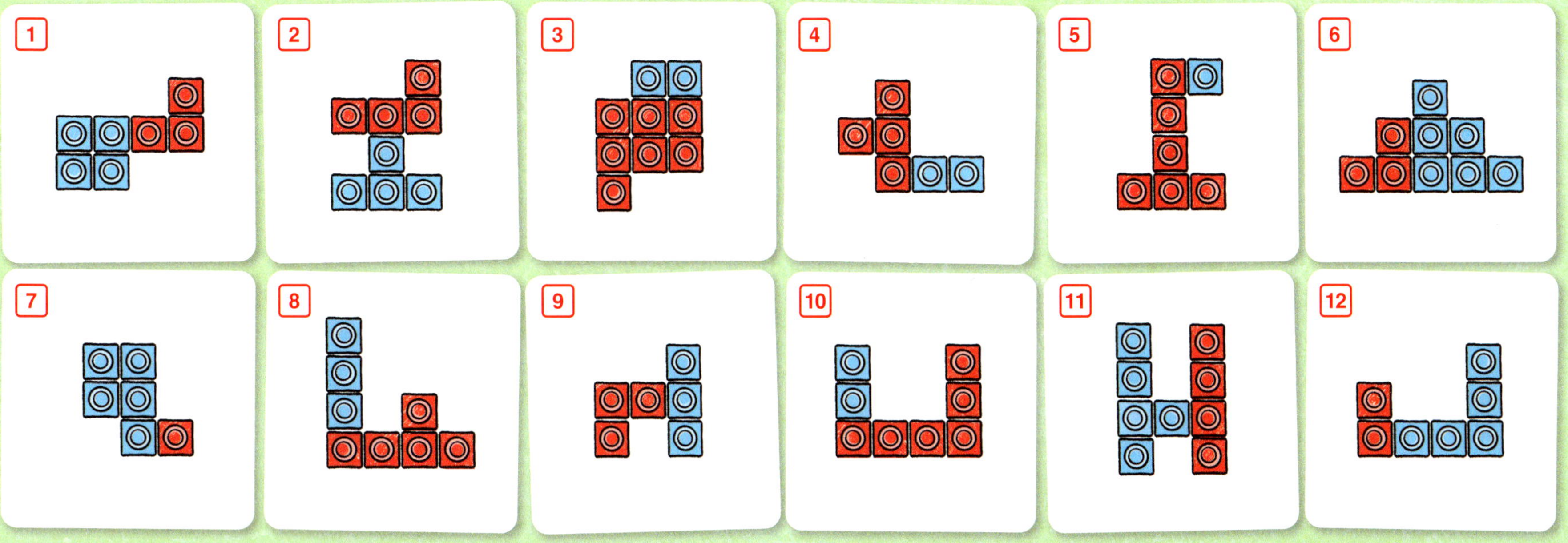

Wie viele Steckwürfel sind das insgesamt? – Es sind insgesamt 7 Steckwürfel, 4 blaue und 3 rote. Zur Dachzahl 7 gehört die Aufgabe „4 + 3“.

Nachbauen der Steckwürfelfiguren. Bei weiteren handlungsorientierten Übungen mit Steckwürfeln darauf achten, dass Steckwürfel gleicher Farbe immer miteinander gruppenweise (als Zweier, Dreier, Vierer, …) verbunden sind, um simultanes Auffassen von Mengen zu ermöglichen.

Wie viele Perlen sind in der **Schüttelbox** verdeckt? Achte auf die Farben.

1

2

3

4

5

6

7

8

9

10

11

12

Von 8 Perlen sind nur 4 Perlen zu sehen. Wie viele Perlen fehlen noch bis 8?

Weitere Zerlegungen mit Schüttelboxen oder Plättchen üben, bei denen bestimmte Teilmengen durch die Hand abgedeckt werden.

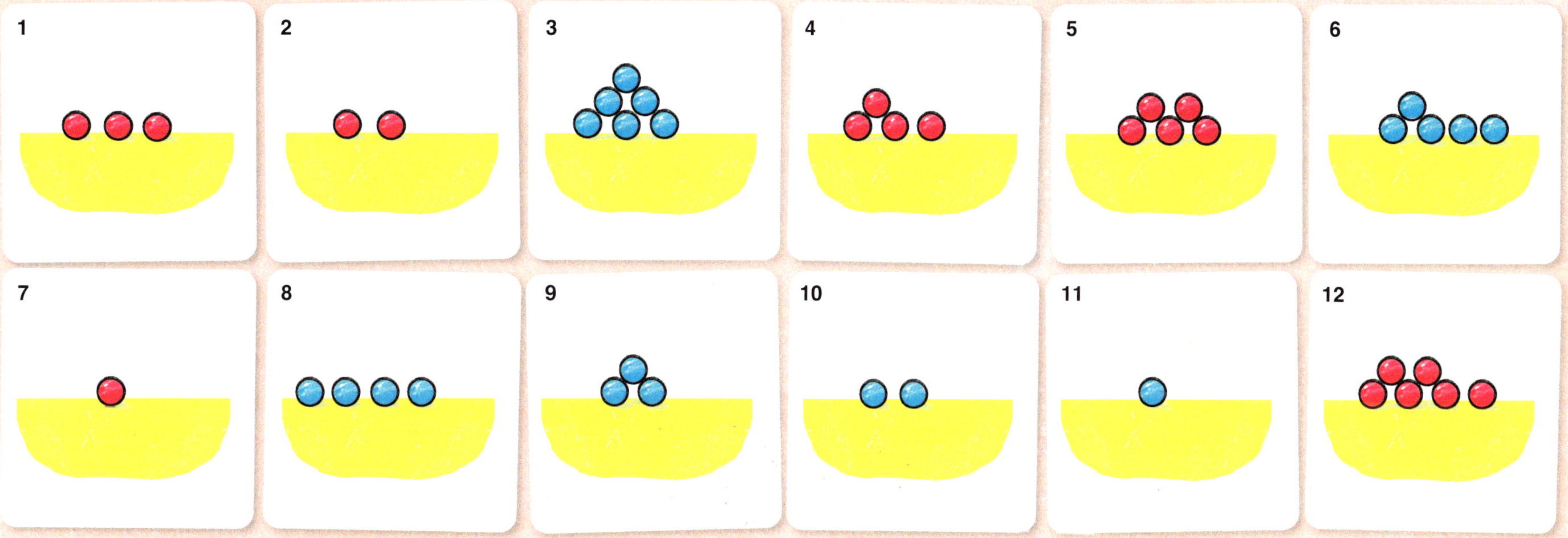

Wie viele Finger fehlen bis **10?**

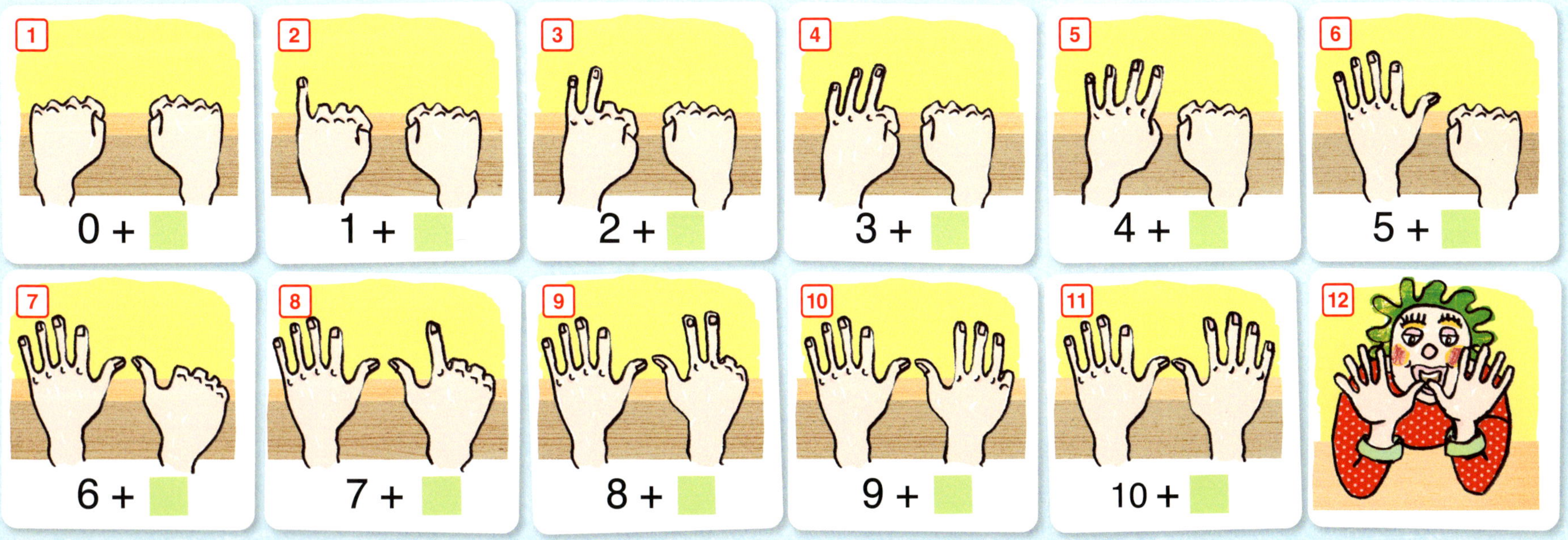

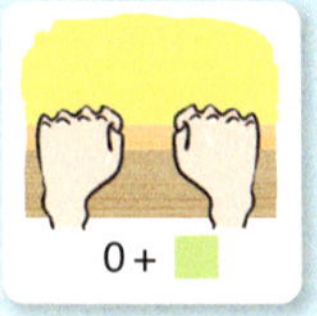

Bei den beiden Fäusten auf der Tischkante siehst du keinen einzelnen Finger.
Es fehlen also alle 10 Finger. Suche unten die 10 Finger, die sich unter dem Tisch befinden.

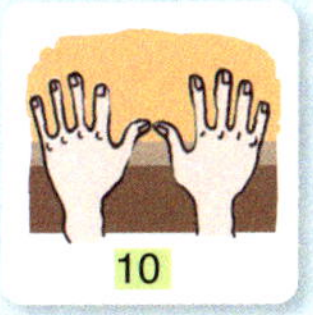

Vorübung mit den Fingern in Lese-Schreib-Richtung an der Tischkante: Die Finger auf der Tischplatte und die Finger unter der Platte ergeben immer zusammen 10 Finger. Dabei jeweils Nennen der beiden Summanden, z.B.: „1 und 9“ (Aufgabe 2).

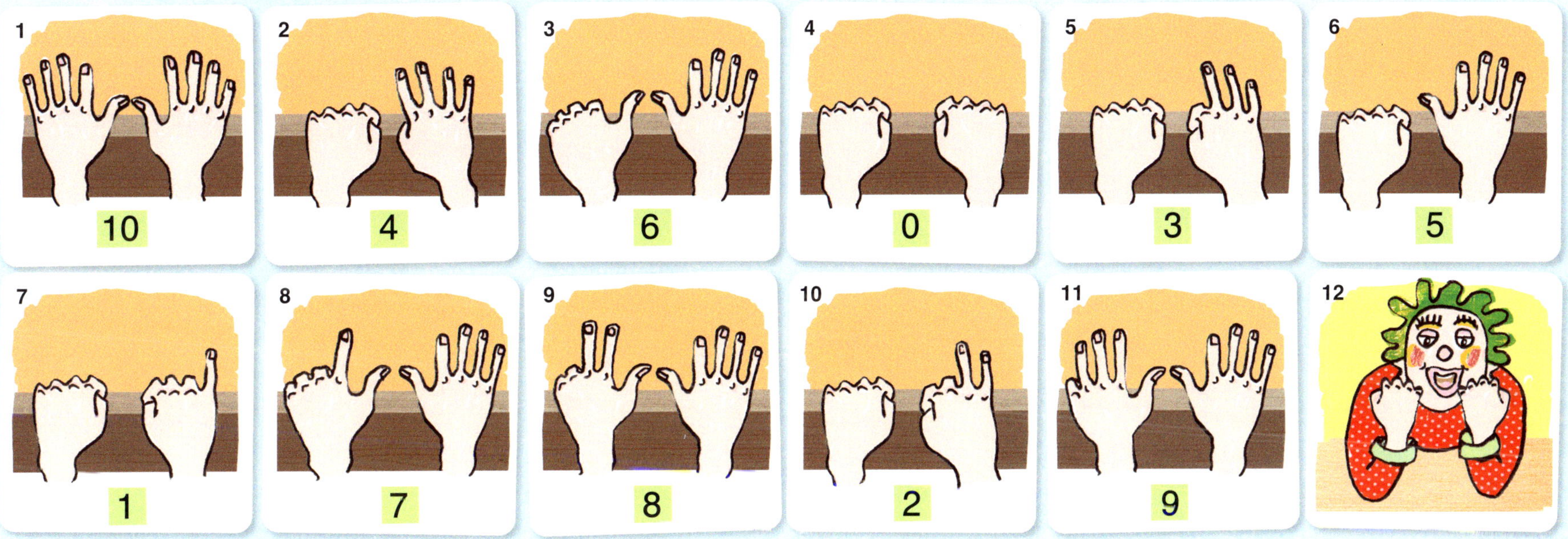

Suche die **Tauschaufgabe.**

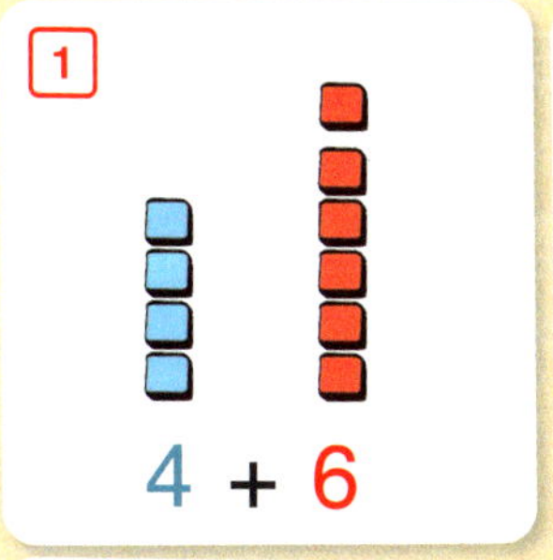

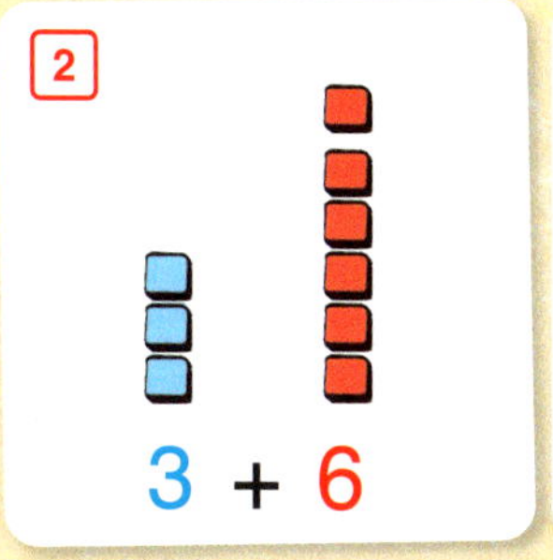

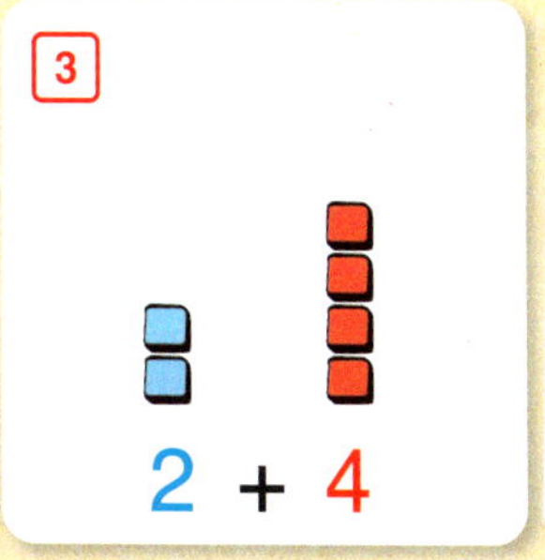

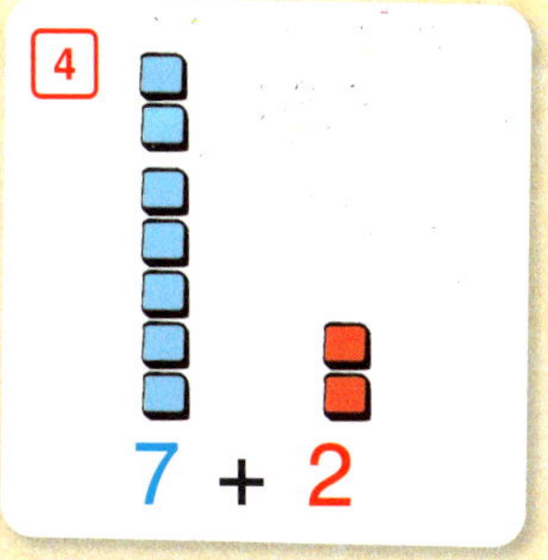

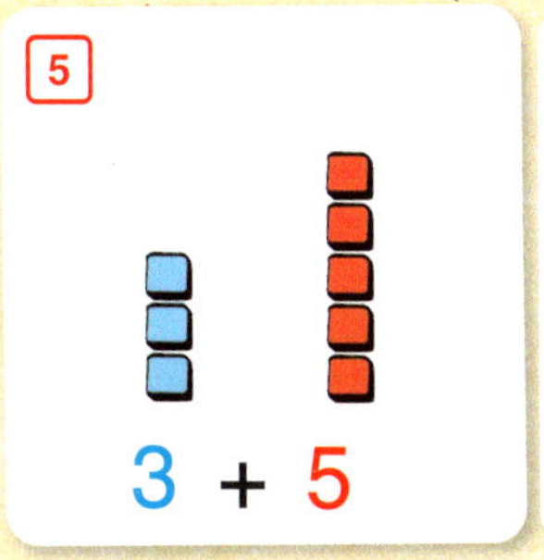

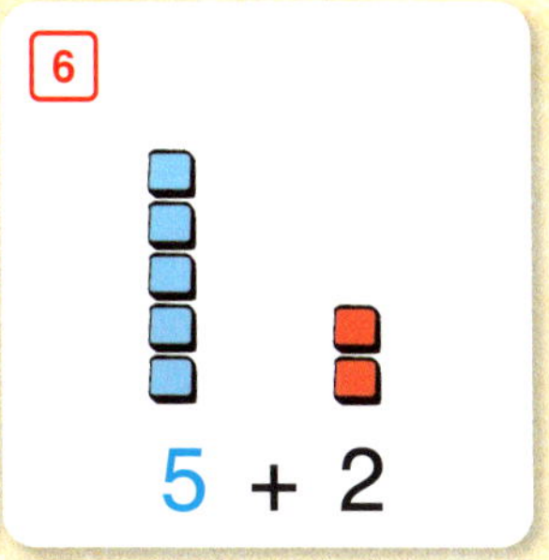

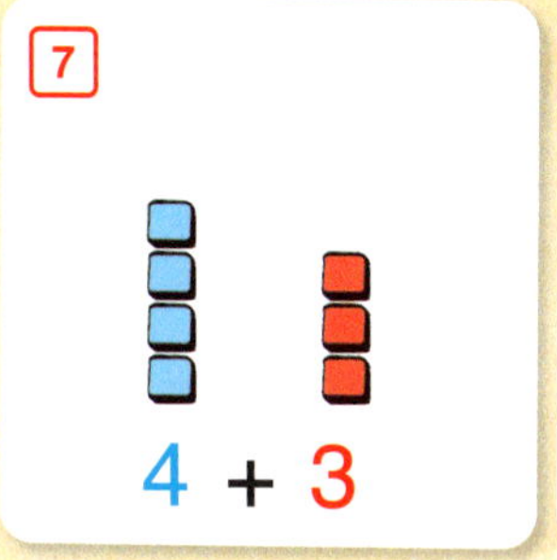

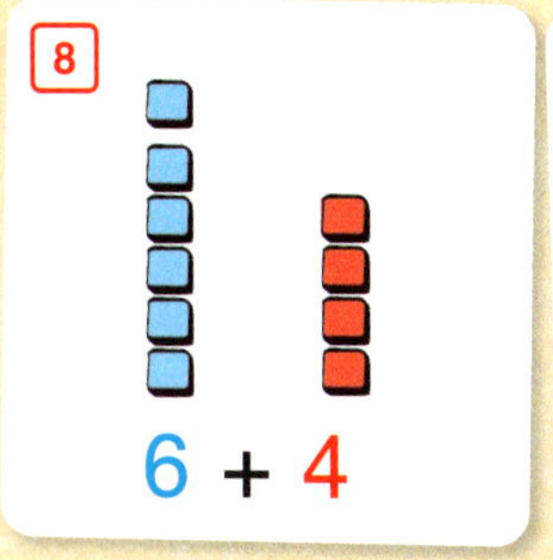

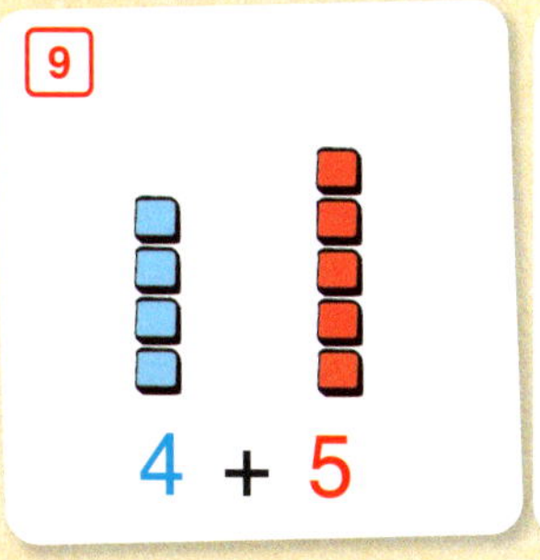

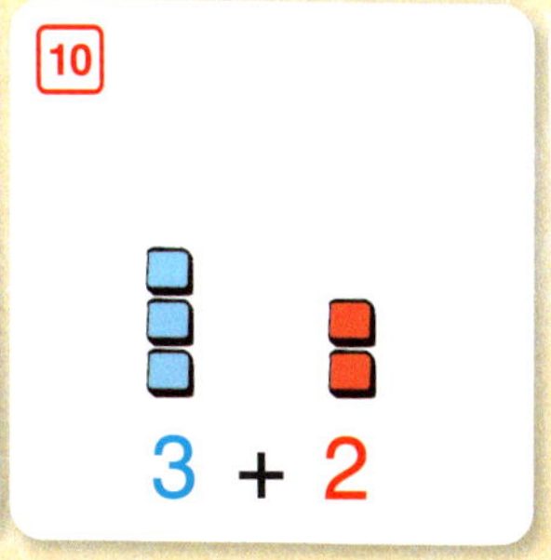

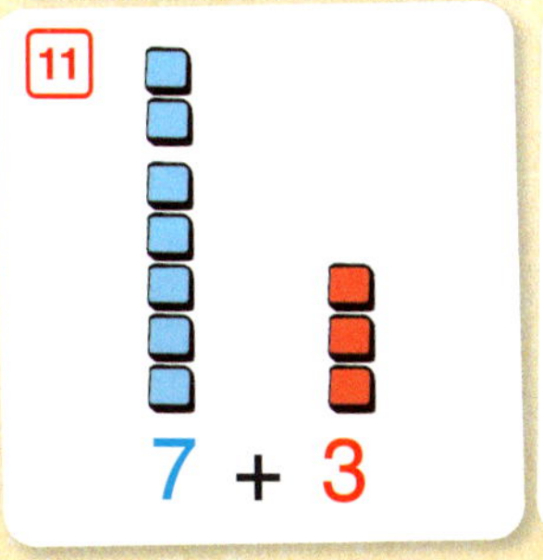

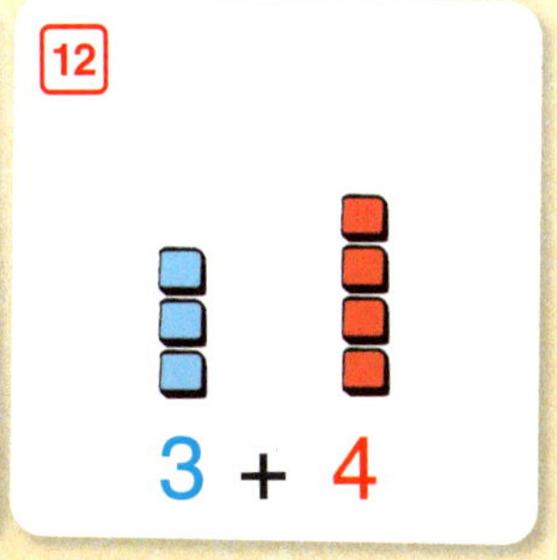

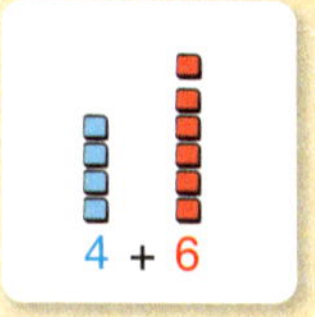

Die 4 blauen und 6 roten Plättchen kannst du tauschen. Insgesamt sind das jedes Mal 10.

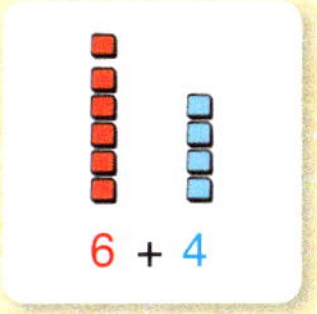

Nachlegen der Aufgaben und Lösungen mit Plättchen. Die Summe ermitteln und dabei feststellen, dass die Gesamtmenge unabhängig von der Reihenfolge der Plättchen/Summanden gleich bleibt. (Vgl. auch Seite 2/3).

1 — 2 + 7

2 — 6 + 4

3 — 4 + 2

4 — 5 + 4

5 — 2 + 5

6 — 6 + 3

7 — 3 + 4

8 — 2 + 3

9 — 5 + 3

10 — 3 + 7

11 — 4 + 3

12 — 4 + 6

Wie viele Perlen fehlen in den **Schüttelboxen** bis insgesamt **10?** Achte auf die Farben.

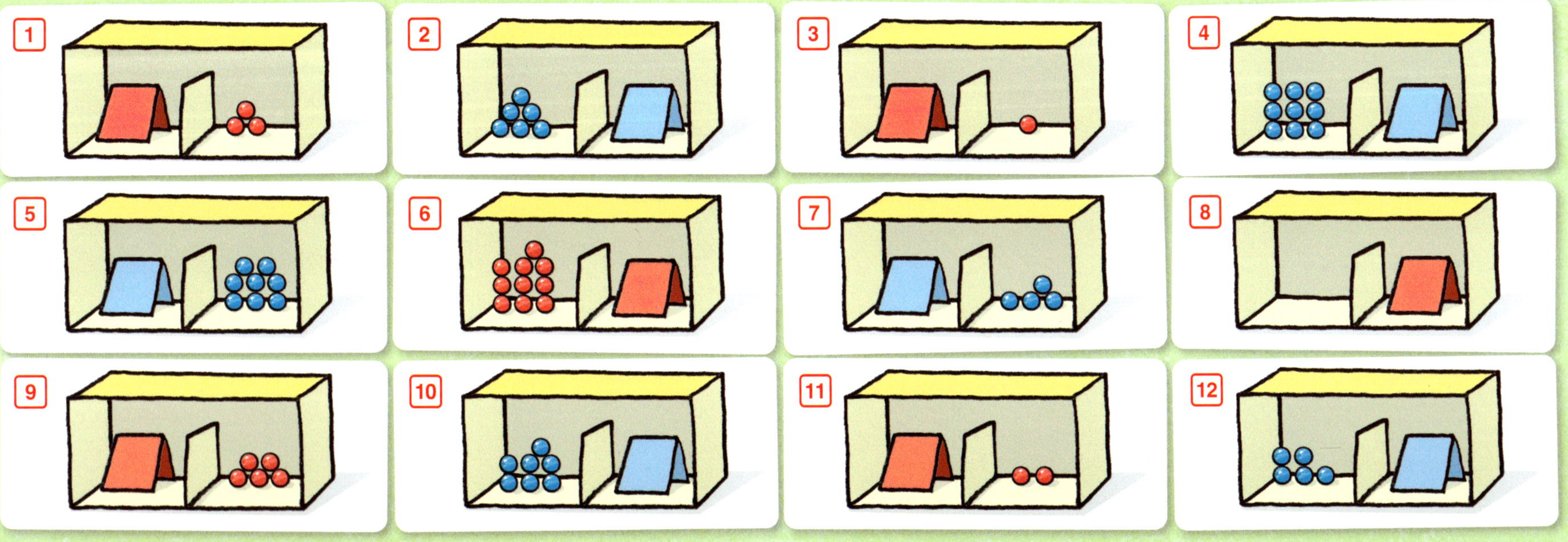

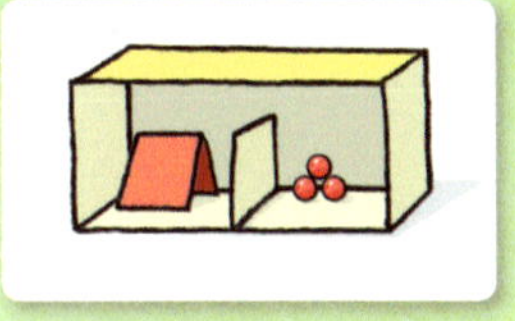

In dem einen Fach der Schüttelbox liegen 3 Perlen. Wie viele Perlen liegen dann in dem anderen Fach, wenn es insgesamt 10 sind?

Mit Schüttelboxen weitere Zerlegungen von 10 üben.
(Vgl. auch Seite 4/5.)

Verdoppeln bis **10** – Welches **Zerlegehaus** passt zum Bild mit seinem **Spiegelbild?**

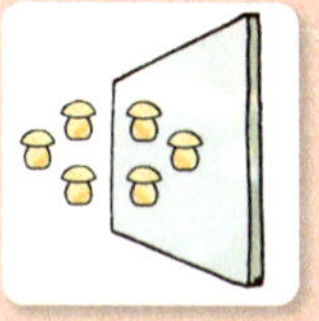

Neben dem Spiegel sind 3 Pilze. Im Spiegel siehst du noch einmal 3 Pilze. Das sind insgesamt 6 Pilze. Das ist das Doppelte von 3 Pilzen. – Dazu findest du das passende (Pilz-)Zerlegehaus mit „3 + 3“ und der „6“ im Dach und dem Pilz daneben.

Weitere Übungen zur Verdoppelung mit dem Spiegel durchführen. Der umgekehrte Rechenvorgang des Verdoppelns ist das Halbieren. Bei den Aufgaben erreicht man das Halbieren durch Abdecken des Spiegelbildes.

Welche **Steckwürfel** und **Aufgaben** passen zu den Würfeln? Achte auf die Farben.

Die beiden roten Würfel zeigen jeweils 5 Punkte. Dazu gehören unten die beiden Steckwürfelsäulen mit jeweils 5 roten Steckwürfeln und der Aufgabe „5 + 5 = 10“.

5 + 5 = 10

Weitere Übungen zum Halbieren/Verdoppeln mit Bausteinen, Steckwürfeln, Plättchen, Münzen etc. durchführen.

1
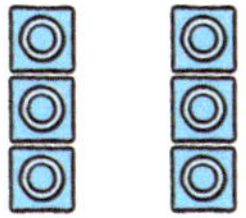
3 + 3 = 6

2

6 + 6 = 12

3

1 + 1 = 2

4
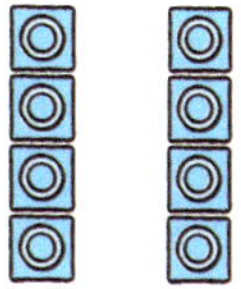
4 + 4 = 8

5
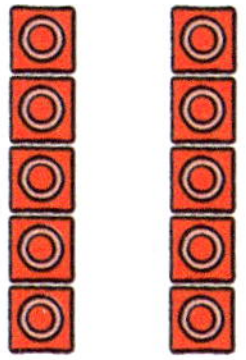
5 + 5 = 10

6
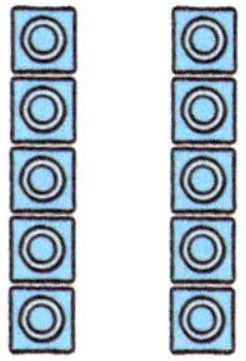
5 + 5 = 10

7
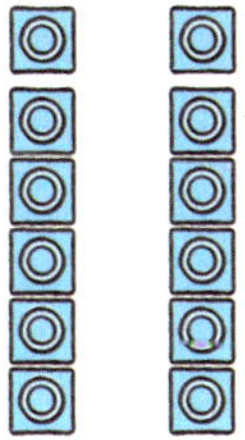
6 + 6 = 12

8

2 + 2 = 4

9
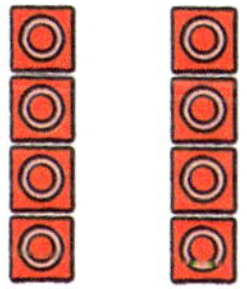
4 + 4 = 8

10
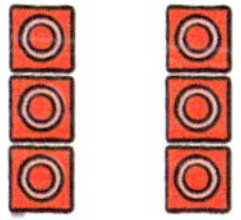
3 + 3 = 6

11

1 + 1 = 2

12
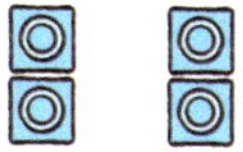
2 + 2 = 4

Auf welcher Zahl des **Zahlenstrahls** sitzt der Kasper?

1

2

3
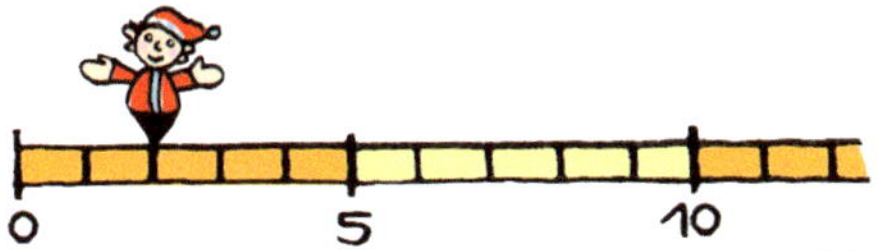

4

5

6
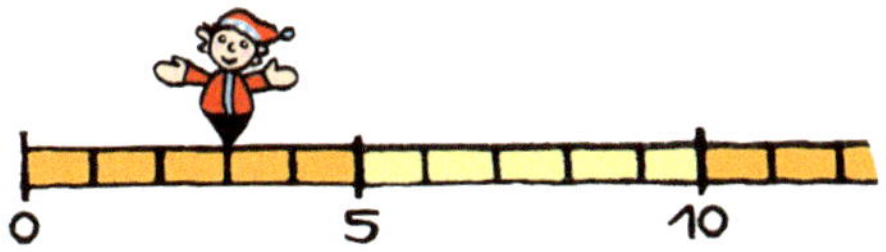

7
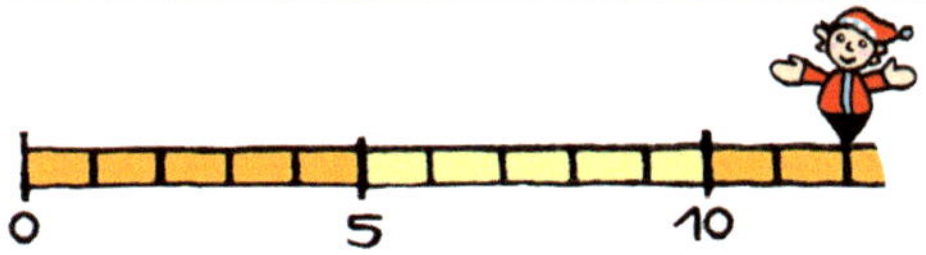

8
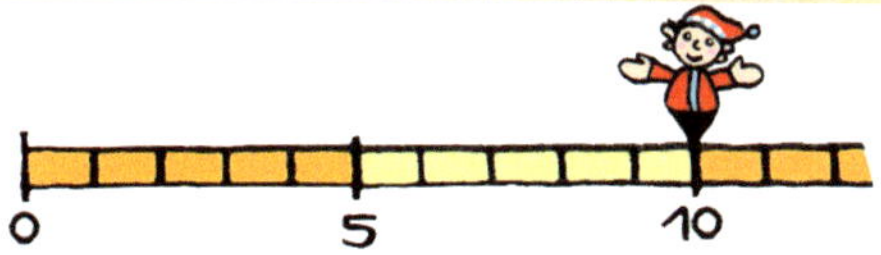

9
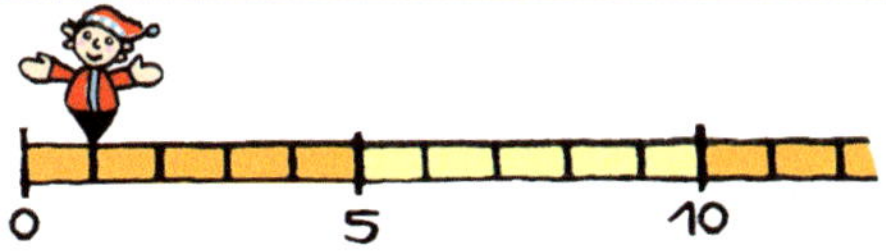

10
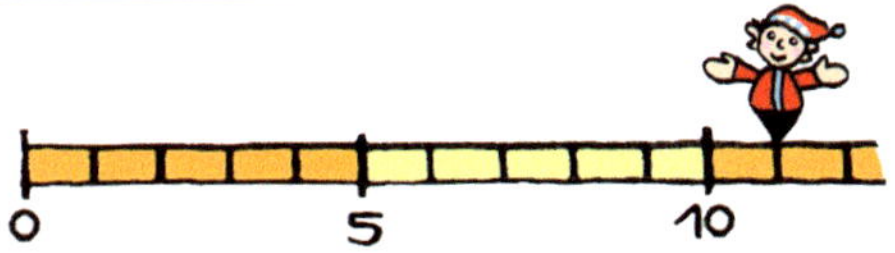

11

12
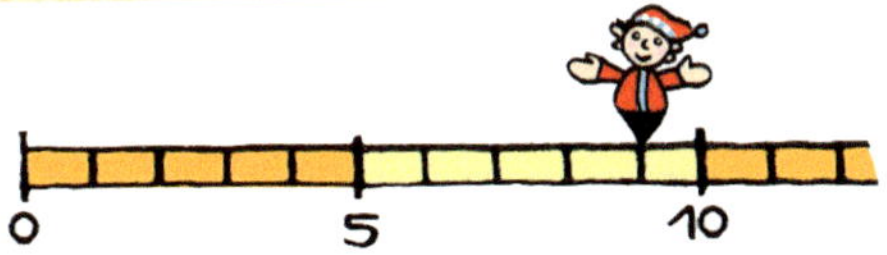

Der Zahlenstrahl geht hier links bei 0 los. Dann kommen 1, 2, 3, 4 und die 5.
Der Kasper sitzt hier auf der 5.

Vorübung: Basteln eines Zahlenstrahls bis 10 bzw. 12.
Automatisiertes Üben am Zahlenstrahl vorwärts und rückwärts.
Positionen der Zahlen auf einem Zahlenstrahl, Zentimetermaß oder Lineal auffinden.

Welche **Aufgabe** passt zum **Ergebnis?**

Berechne die Aufgaben „5 + 2“ und „4 + 2“. Nur die Aufgabe „4 + 2“ ergibt die Ergebniszahl „6“ im Dach.

4 + 2

Weitere einfache Aufgaben zum Addieren
und Subtrahieren im Zahlenraum bis 10 üben.

1	2	3	4	5	6
5 – 1	8 + 3	4 – 2	9 + 0	8 + 2	3 – 2

7	8	9	10	11	12
7 + 1	5 – 2	6 – 1	5 + 2	4 + 2	2 – 2

Das **Zwanzigerfeld – Wie viele Plättchen** sind das? Achte auf die Farben.

1

2

3

4

5

6

7

8

9

10

11

12

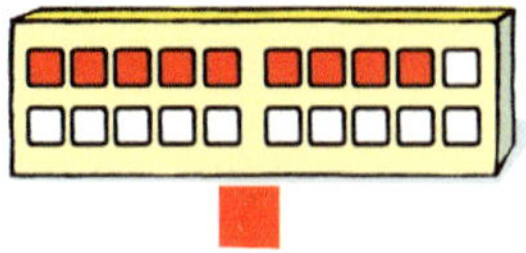

5 und 4 rote Plättchen sind zusammen 9 rote Plättchen. – Suche unten die Zahl 9 im roten Feld.

9

Die Strukturierung der Felder bis 5 im Zwanzigerfeld
hilft bei der Erfassung der Plättchenanzahl.

1 12	2 9	3 20	4 14	5 18	6 20
7 9	8 14	9 12	10 15	11 18	12 15

Suche die **Vorgänger** und **Nachfolger** in der **Zwanzigerreihe.**

Die Zahlen 1 bis 20 kannst du in der Zwanzigerreihe ablesen. Die Zahl vor der 8 ist die 7 und die Zahl nach der 8 ist die 9. Der Vorgänger von 8 ist also die 7 und der Nachfolger von 8 ist die 9. Diese Zahlen nennt man auch Nachbarzahlen.

In der Zwanzigerreihe sollen um 1 kleinere/größere Zahlen, die Vorgänger/Nachfolger, gesucht werden.

1. 10 □ 12
2. 5 □ 7
3. 11 □ 13
4. 6 □ 8
5. 16 □ 18
6. 13 □ 15
7. 8 □ 10
8. 15 □ 17
9. 1 □ 3
10. 7 □ 9
11. 18 □ 20
12. 3 □ 5

Verdoppeln bis **20 – Verdopple** mit der **Steckwürfelkette.** Achte auf die Farben.

1

4 + 4 =

2

7 + 7 =

3
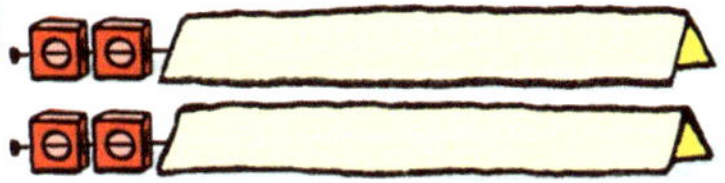
2 + 2 =

4

10 + 10 =

5

6 + 6 =

6

10 + 10 =

7

5 + 5 =

8

8 + 8 =

9
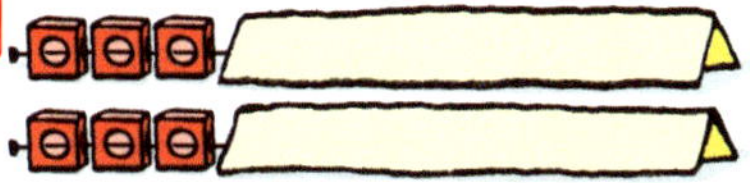
3 + 3 =

10
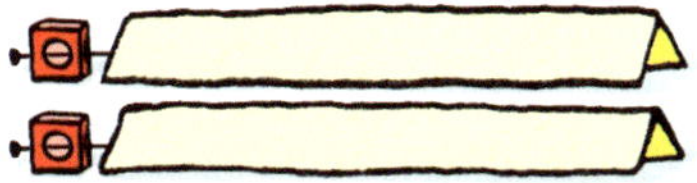
1 + 1 =

11

9 + 9 =

12
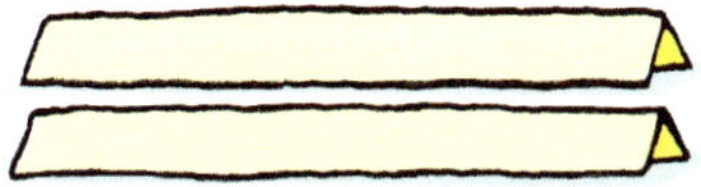
0 + 0 =

4 + 4 =

Wenn du zwei Steckwürfelketten mit je 4 Steckwürfeln nebeneinanderlegst, erhältst du das Doppelte von 4. Das Doppelte von 4 ist 8.

Möglichst bis Mitte des ersten Schuljahres sollten die Kinder die Verdopplungs- und Halbierungsaufgaben im Zahlenraum bis 20 auswendig wissen, um später Rechenvorteile nutzen zu können (z.B. 4 + 5 = 4 + 4 + 1). (Vgl. Seite 12/13 und 14/15.)

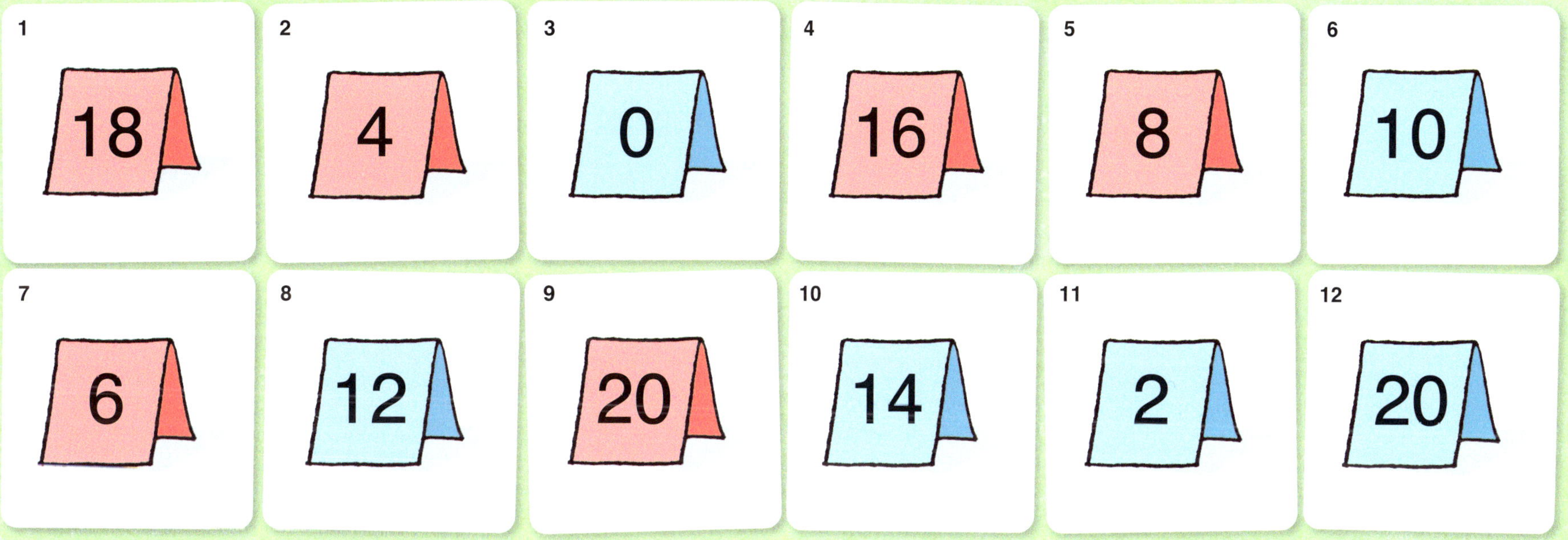

Addieren bis **20** – Rechne im ersten und im zweiten **Zehner.**

1

6 + 3 =

2

16 + 3 =

3

2 + 5 =

4

12 + 5 =

5

5 + 3 =

6

15 + 3 =

7

4 + 1 =

8

14 + 1 =

9

8 + 2 =

10

18 + 2 =

11

3 + 3 =

12

13 + 3 =

6 + 3 =

Rechne im ersten Zehner „6 plus 3“. Das sind 9. – Im zweiten Zehner rechnet man ähnlich: „16 plus 3“ sind 19.

9

Nachlegen der Aufgaben im Zwanzigerfeld, Analogaufgaben (= „verwandte“ Aufgaben) im ersten und zweiten Zehner erkennen, selber ausdenken und für das Rechnen nutzen.

1	2	3	4	5	6
20	17	10	7	19	16
7	8	9	10	11	12
9	5	6	8	15	18

Subtrahieren bis **20** – Rechne im ersten und im zweiten **Zehner.**

1

9 – 4 = ▢

2

19 – 4 = ▢

3

5 – 5 = ▢

4

15 – 5 = ▢

5

7 – 4 = ▢

6

17 – 4 = ▢

7

6 – 2 = ▢

8

16 – 2 = ▢

9

7 – 5 = ▢

10

17 – 5 = ▢

11

10 – 4 = ▢

12

20 – 4 = ▢

9 – 4 = ▢

Rechne im ersten Zehner „9 minus 4“. Das sind 5.
Im zweiten Zehner rechnet man ähnlich: „19 minus 4“ sind 15.